Colombia diversa

Diverse Colombia

Obra producida y editada por - Produced and published by:
iM Editores Ltda.

Dirección Editorial - Editorial Management:
Santiago Montes Veira

Fotografías - Photographs:
Angélica Montes
Germán Montes
Francisco Forero
Juan Manuel Renjifo
Fredy Gómez
Héctor Morera
Archivo iM Editores

Textos - Texts:
Helena Iriarte

Diseño y Diagramación - Design and Planning:
Angélica Montes Arango
Juan Carlos Piñeres

English Version:
Michael Sparrow

Selección de color - Colour Selection:
Gabriel Daza Larrotta

Impresión - Printed by:
Panamericana Formas e Impresos S.A.

ISBN 978-958-9343-10-4

www.imeditores.com
Bogotá, Colombia

Contenido
Contents

Colombia Diversa

A través de las páginas de este libro hemos querido compartir con usted la diversidad que en cada una de sus manifestaciones caracteriza a Colombia.

La infinita variedad de color y de contrastes que hay en su naturaleza y la alegría de sus gentes, cuyas manifestaciones culturales se han convertido en símbolos, hacen de Colombia un país del cual nos debemos sentir orgullosos.

Diverse Colombia

We have set out in the pages of this book to share with you the great diversity that can be witnessed wherever you go in Colombia.

The infinite variety of colours and contrasts in the natural environment and the cheerfulness of its people, whose cultural manifestations have become symbols, make Colombia a country that we should feel proud of.

Paisajes

El Caribe, el Pacífico, los Andes, la Orinoquia y la Amazonia, son las cinco grandes regiones naturales que le permiten a Colombia disfrutar de uno de los territorios más ricos, sorprendentes y variados del mundo.

Landscapes

The Caribbean, the Pacific, the Andes, the Orinoco and the Amazon: these are the five great natural regions which enable Colombia to be one of the richest and most surprising and varied countries in the world.

Sierra Nevada del Cocuy, Boyacá. >
Sierra Nevada del Cocuy, Boyacá.

Playa Manzanillo, Providencia. >>
Manzanillo Beach, Providencia.

Río Patía, Pacífico colombiano.
Patía River, Colombian Pacific coast.

Bahía de Chengue, Parque Nacional Natural Tayrona, Magdalena.
Chengue Bay, Tayrona National Park, Magdalena.

Parque Nacional Natural Chingaza, cordillera Oriental.
Chingaza National Park, Eastern Cordillera.

Cerros de Mavecure, Guainía.
Mavecure Hills, Guainía.

Río Anchicayá, Valle del Cauca. Al fondo la cordillera Occidental.
River Anchicayá, Cauca Valley. In the background, the Western Cordillera.

Salto de Bordones, Huila.
Bordones Waterfall, Huila

Bahía de Neguange, Magdalena. >
Neguange Bay, Magdalena.

Parque Nacional Natural Puracé, cordillera Central.
Puracé National Park, Central Cordillera.

Desierto de La Tatacoa, Huila.
La Tatacoa Desert, Huila.

Río Amazonas, Leticia, Amazonas.
Amazon River, Leticia, Amazonas.

Bosque de niebla, cordillera Oriental, Putumayo.
Cloud Forest, Eastern Cordillera, Putumayo.

Selva inundable de la Amazonia.
Floodable jungle, Amazonia.

Cabo de La Vela, La Guajira.>
Cape La Vela, La Guajira.

Bahía Málaga, Valle del Cauca. ^
Málaga Bay, Cauca Valley.

< Cayo Cangrejo, Providencia.
Crab Key, Providencia.

Sierra Nevada de Santa Marta.
Sierra Nevada de Santa Marta.

Dunas de Taroa, La Guajira.
Taroa Dunes, La Guajira.

Sabanas del Cesar, al fondo la Sierra Nevada de Santa Marta.
Cesar Plains, with Sierra Nevada de Santa Marta in the background.

Lago de Tota, Boyacá. ^
Tota Lake, Boyacá.

Llanos Orientales, Casanare.>>
Eastern Plains, Casanare.

Naturaleza

La prodigiosa exuberancia de la naturaleza y su diversidad, son quizás los aspectos que más sorprenden a quienes recorren los litorales, páramos, llanuras, selvas, altiplanos, montañas, valles y desiertos de Colombia.

Nature

The phenomenal lushness of nature and its very diversity are perhaps what most surprise visitors who travel the coasts, moors, plains, jungles, mountains, valleys and deserts of Colombia.

Bromelia, selva del Chocó. >
Bromeliad, Chocó forest.

El loto del Amazonas, *Victoria amazonica.* >>
The Amazon water lily – *Victoria amazonica.*

Interior de un bosque andino. ^
Inside an Andean forest.

< Orquídea, Bosque de niebla.
Orchid, Cloud Forest.

Árbol de la jungla amazónica.
Tree in the Amazon jungle.

Tronco de Guadua. >
Bamboo trunk.

La *Erioculácea*, planta de páramo.
Erioculacea, a plant that grows on the high moors.

Orquídeas.
Orchias.

Mariposas diurnas. ^
Butterflies by day.

< Lagartija gekko.
Gekko lizard.

Babilla, *Caiman crocodilus.* ^
Baby alligator – *Caiman crocodilus.*

Rana del género Dendrobates. ^
Frog of the Dendrobates species.

Chinches del orden de los Hemípteros. >
Hemipteran bug.

Picaflor. ^
Hummingbird.

Mono aullador. >
Howler monkey.

Búho, Alto Magdalena.
Owl, Upper Magdalena.

Iguana, costa Caribe. >
Iguana, Caribbean coast.

Tucán. ^
Toucan.

< Flamenco rosado.
Pink Flamingo.

Venados coliblanco, Casanare. >>
White-tailed deer, Casanare.

Orígenes

Una de las características más interesantes de Colombia radica en la diversidad de culturas que habitaron su territorio antes de la llegada de los españoles; la riqueza de sus expresiones artísticas constituye un aspecto valioso de nuestro patrimonio.

Origins

One of the most interesting aspects of Colombia is the cultural diversity that existed in the country before the arrival of the Spaniards. The richness of those cultures' artistic expressions is a valuable part of our heritage.

Escultura policroma de San Agustín, Huila.
Multicoloured sculpture, San Agustín, Huila.

Plato ceremonial, del grupo Pastos, Nariño. ^
Ceremonial dish, Pastos group, Nariño.

< Pictografías, Cerro Azul, Guaviare.
Pictographs, Cerro Azul, Guaviare.

Vasijas funerarias, Tierradentro, Cauca. ^
Funerary urns, Tierradentro, Cauca.

Hipogeo, Tierradentro, Cauca. >
Hypogeum, Tierradentro, Cauca.

Pueblito, Parque Nacional Natural Tayrona, Magdalena. ^
Pueblito, Tayrona National Park, Magdalena.

< Ciudad Perdida, Sierra Nevada de Santa Marta.
The Lost City, Sierra Nevada de Santa Marta.

Templete funerario, San Agustín. ∧
Funerary shrine, San Agustín.

Bosque de las Estatuas, San Agustín, Huila. >
Forest of the Statues, San Agustín, Huila.

Alcarraza de cerámica, Valle del Cauca. ^
Pottery twin-spouted jug, Cauca Valley.

< Cerámica de Jaguar, cultura Zenú.
Pottery figure of a jaguar, Zenú culture.

Cerámica con representación femenina. ^
Pottery depicting female figure.

Bastones ceremoniales, Putumayo. >
Ceremonial sticks, Putumayo.

Cerámica que representa un coquero, Nariño.
Figure depicting a person chewing coca, Nariño.

Máscara funeraria, cultura Calima.
Funerary mask, Calima culture.

Pectoral, cultura Tayrona. ^
Breastplate, Tayrona culture.

Figura antropomorfa, cultura Quimbaya. >
Anthropomorphous figure, Quimbaya culture.

Balsa ceremonial, cultura Muisca. >>
Ceremonial raft, Muisca culture.

Razas

La diversidad racial de Colombia tiene su origen en tres grandes núcleos: indígena, español y africano, que conformaron un pueblo mestizo caracterizado por su laboriosidad, creatividad y carácter alegre y hospitalario.

Races

Colombia's racial diversity has its origins in three major groupings: indigenous, Spanish and African. Together, these formed a mestizo population that was notable for being hard-working, creative, cheerful and welcoming.

Niña waunana. >
Waunana girl.

Niños wayuu frente a su casa, La Guajira. >>
Wuayuu children in front of their house, La Guajira

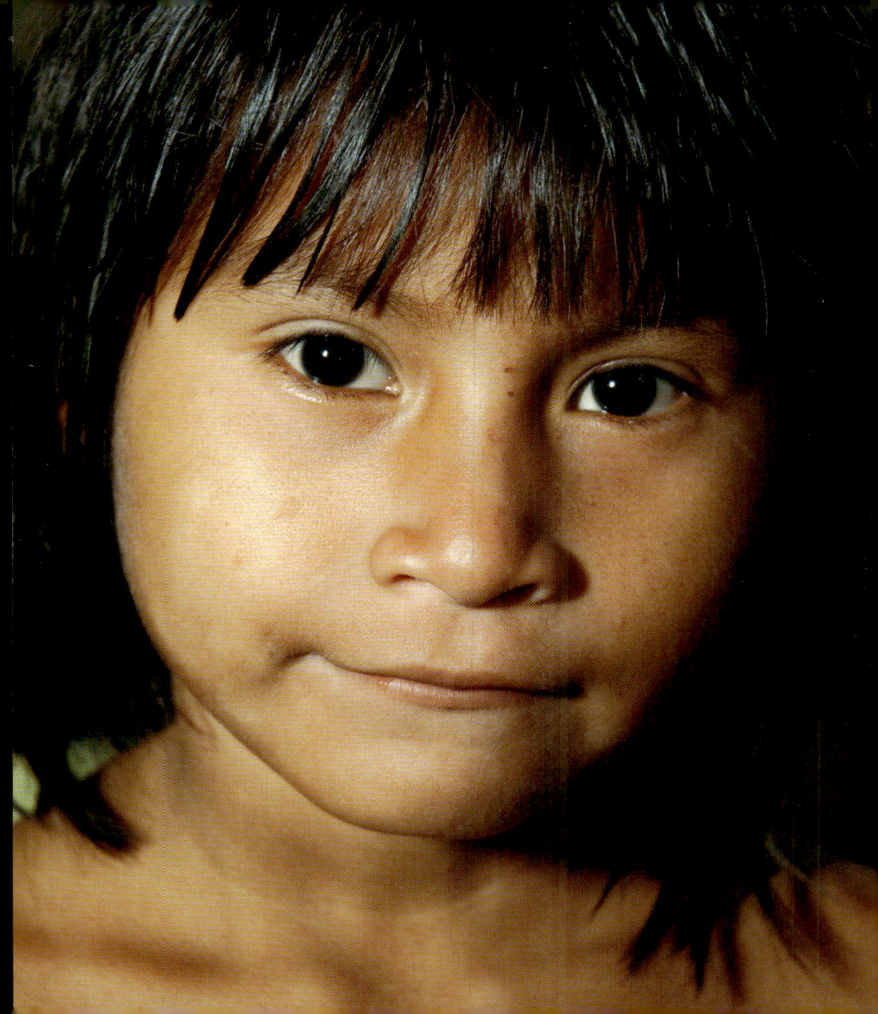

Indígena arhuaco. ^
Arhuaco indian.

< Remero guajiro.
Guajiro oarsman.

Indígena guambiana. Silvia, Cauca.
Guambiano indian. Silvia, Cauca.

Vendedor de sombreros, Cartagena. >
Hat seller, Cartagena.

FORWARD MINING

Campesina fabricando canastos de fique. ^
Peasant woman making sisal baskets.

Mujer de El Cocuy, Boyacá. >
Woman from El Cocuy, Boyacá.

Conductor de Jeep, Risaralda. ∧
Jeep driver, Risaralda.

< Artesano, Filandia, Quindío.
Craftsman, Filandia, Quindío.

Día de mercado, Turmequé, Boyacá. ^
Market day, Turmequé, Boyacá.

Niño de Tuchín, Córdoba. >
Boy in Tuchín, Córdoba.

Niños de San Andrés. ^
Children from San Andrés.

< Niña de la costa Pacífica.
Girl from the Pacific coast.

Descanso en el Parque de Los Novios, Bogotá. ^
Relaxing in Los Novios Park, Bogotá.

Niños en el Parque El Chicó, Bogotá. >
Children in El Chicó Park, Bogotá.

Niñas en Bahía Aguadulce, Providencia. >>
Young girls, Aguadulce Bay, Providencia.

Manifestaciones culturales

A la gran diversidad de gente que habita las regiones de Colombia, corresponden expresiones culturales, regionales y nacionales, populares y cultas, rurales y urbanas, que son ejemplo de la rica complejidad artística y creativa del país y de la forma como ha conservado las tradiciones de siglos anteriores y la expresión de la sensibilidad moderna.

Cultural Manifestations

The great variety of different people who inhabit the various regions of Colombia boast a whole range of cultural expressions, rural and urban, national and regional, popular and refined, all of which are woven into a rich and complex artistic and creative fabric, one that clearly demonstrates how the traditions of centuries past have been retained, and coexist alongside expressions of modern sensitivity.

Mochilas wayuu.
Wayuu bags.

Flauteros, tallas en madera del valle del Sibundoy.
Flute players. Wood carvings from Sibundoy valley.

Artesanía elaborada por los indígenas Ticuna del Amazonas.
Handicraft made by Ticuna indians in the Amazon.

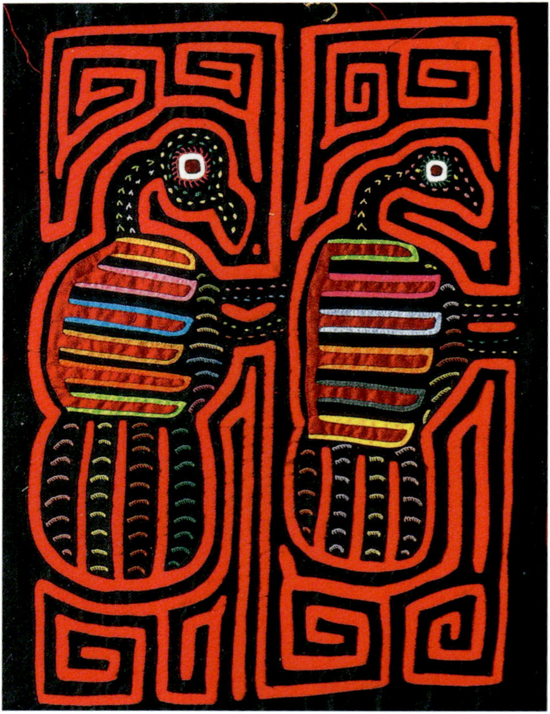

Mola Ticuna, Chocó. ∧
Ticuna mound, Chocó.

Tejidos en cañaflecha. >
Reed fabrics.

Sombreros “vueltiaos” tejidos en cañaflecha.
“Vueltiao” hats, made from reeds.

Talla colonial, Museo de Arte Religioso, Bogotá. ^
Colonial carving, Museum of Religious Art, Bogotá.

< Selección de fibras de fique.
Selection of sisal fibres.

Escultura de Fernando Botero en Medellín.
Sculpture by Fernando Botero in Medellín.

Escultura de Bolívar, obra de Pietro Tenerani, Plaza de Bolívar, Bogotá.^
Sculpture of Bolívar by Pietro Tenerani, Bolívar Square, Bogotá.

Chiva, transporte típico de la región cafetera. >>
A "chiva", typical transport in the coffee-growing region.

Gaiteros de San Jacinto, Bolívar. ^
Pipe players, San Jacinto, Bolívar.

< Flautero wayuu, La Guajira.
Wayuu flute player, La Guajira.

Máscara de Jaguar, Carnaval de Barranquilla. ^
Jaguar mask, Barranquilla carnival.

Danza del Congo, Carnaval de Barranquilla. >
Dancing the conga, Barranquilla carnival.

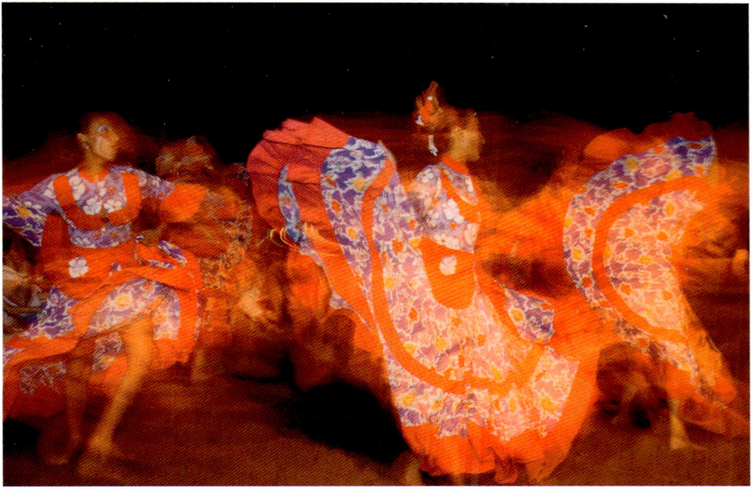

Cumbiamberas, costa Caribe.^
Dancing the *cumbia*, Caribbean coast.

< Palenquera, Plaza de San Pedro Claver, Cartagena.
Fruit seller, San Pedro Claver Square, Cartagena.

Festival de Teatro de Bogotá.
Drama Festival, Bogotá.

DE BOGOTA
AL SUR

Carnaval de Negros y Blancos, Pasto, Nariño. ^
Black and white carnival, Pasto, Nariño.

Aguinaldo boyacense, Villa de Leyva. >
Typical Boyacá Christmas celebrations, Villa de Leyva.

Sala de Conciertos de la Biblioteca Luis Ángel Arango, Bogotá. >>
Concert Hall, Luis Ángel Arango Library, Bogotá.

Pueblos y ciudades

Colombia es un país de grandes ciudades, sin embargo, existe también el país rural donde se encuentran poblaciones fundadas durante la Colonia, que conservan la vida sosegada y amable de otros tiempos.

Hay también pueblos más pequeños, cuyos habitantes se han adaptado a las condiciones que impone el medio que los rodea.

Towns and Villages

Colombia is a country with numerous towns and cities. But it is also a rural country, one of villages dating back to colonial times where life still goes on in the relaxed and friendly manner of an era long past.

And there are even smaller villages and hamlets, where the inhabitants have adapted to the conditions of their local environment.

Campanario, Mompox, Bolívar.
Bell tower, Mompox, Bolívar.

Iglesia de Santa Bárbara, Santa Cruz de Mompox. ^
Santa Barbara Church, Santa Cruz de Mompox.

< Calle colonial de Honda, Tolima.
Colonial street, Honda, Tolima.

Plaza empedrada de Villa de Leyva.
Cobbled square, Villa de Leyva.

Viviendas de isleños, Providencia. ^
Islanders' houses, Providencia.

< Iglesia Bautista, San Andrés.
Baptist church, San Andrés.

Catedral de Santa Marta. ^
Santa Marta cathedral.

< Iglesia de San Francisco, Cali.
San Francisco church, Cali.

Castillo de San Felipe, Cartagena. ^
San Felipe castle, Cartagena.

< Calle colonial, Cartagena de Indias.
Colonial street, Cartagena de Indias.

Muralla y templo de San Pedro Claver, Cartagena.
City wall and San Pedro Claver church, Cartagena.

Palacio de la Inquisición, Cartagena. ^
Palace of the Inquisition, Cartagena.

Fuertes de San José y San Fernando, Cartagena. >
San José and San Fernando forts, Cartagena.

Fincas cafeteras, Chinchiná, Caldas. ^
Coffee farms, Chinchiná, Caldas.

< Hacienda cafetera, Quindío.
Coffee estate, Quindío.

Monumento a La Raza, La Alpujarra, Medellín. ^
Monument to the Race, La Alpujarra, Medellín.

Parque de los Pies Descalzos, Medellín. >
Barefoot Park, Medellín.

Atardecer en Popayán, Cauca. >>
Sunset, Popayán, Cauca.

Balcones del barrio La Candelaria, Bogotá. ∧
Balconies in La Candelaria district, Bogotá.

Iglesia de Monserrate, Bogotá. >
Monserrate church, Bogotá.

Panorámica de Bogotá. >>
Panoramic view of Bogotá.

Fotógrafos
Photographers

Germán Montes

3, 4, 5, 12, 18-19, 31, 47, 49, 53, 55, 63, 77, 79, 88-89, 95, 96, 98, 99, 108, 109, 110, 111, 112-113, 114, 115, 117, 118-119, 122, 123, 125, 128, 129, 130-131, 133, 134, 135, 140, 142, 148, 151, cubierta

Angélica Montes

9, 10, 14-15, 26, 28, 30, 32, 33, 34, 43, 46, 51, 54-55, 57, 61, 71, 73, 78, 90, 92, 93, 97, 101, 102, 103, 104-105, 107, 124, 138, 139, 149, 150, 152-153, 155

Archivo iM Editores

2, 6-7, 20, 21, 22, 23, 24-25, 27, 29, 35, 36, 37, 38, 39, 40-41, 44-45, 48, 50, 57, 62, 64-65, 67, 68, 69, 72, 74, 75, 76, 80, 81, 82, 83, 84-85, 87, 100, 116, 121, 126-127, 141, 143, 144-145, 146, 147, 154, 156-157

Fredy Gómez

17, 56, 58, 60, 70

Francisco Forero

91, 120

Juan Manuel Renjifo

52, 59

Peter Goodhew

94

Miguel Morales

136-137

SEXTA EDICIÓN
La presente edición de 2.000
ejemplares se terminó de imprimir en
el mes de septiembre de 2017, en los
talleres de Panamericana Formas e
Impresos S.A., bajo la supervisión de IM
EDITORES.

SIXTH EDITION
This edition of 2,000 copies
was printed in September 2017 by
Panamericana Formas e Impresos S.A.,
under IM EDITORES supervision.

Bogotá, Colombia.